Lazy way to GAELIC

Cartoons: FLANN O'RIAIN
Gaelic text by: GEORGE JONES

 y olfa

First impression: 1994
Reprinted in 2026

© Copyright Y Lolfa Cyf., 1994

The contents of this book are subject to copyright, and may
not be reproduced by any means, mechanical or electronic,
without the prior, written consent of the publishers.

Original pictures and text: Flann O'Riain
Additional editing: Janet MacNeil
Gaelic text: George Jones

ISBN: 978 1 80099 804 9

Published and printed in Wales
on paper from well-maintained forests by
Y Lolfa Cyf., Talybont, Ceredigion SY24 5HE
website www.ylolfa.com
e-mail ylolfa@ylolfa.com
tel 01970 832 304

Nota
(Note)

WARNING! — this book isn't a textbook! You will need to consult grammar books and dictionaries as well. You might also want to start a more conventional and structured Gaelic course.

Comann Luchd-Ionnsachaidh (the Learners' Society), 5 Mitchell's Lane, Inbhir Nis/Inverness IV2 3HQ Tel. 0463 711792 will be able to provide you with details of courses and other resources for learners.

But now forget all that! Relax and enjoy the gentle humour of the easiest, laziest introduction to Gaelic ever published.

DOIGH-LABHAIRT (pronunciation)

Seo mar a their thu na litrichean sa Ghàidhlig.
This is how you pronounce the letters in Gaelic.

Mar as àbhaist, thig a' bhuille air a' chiad lide.
As a rule, the stress falls on the first syllable.

a	as in 'fat'
à	long, as in 'far'
b	harder than in English, often sounding closer to Enlish 'p'
bh	like a 'v', but often silent in the middle of a word
c	similar to English, but when in the middle or at the end of a word, there is a hard breathing before the 'c'
ch	like 'ch' in J.S. Bach (X)
chd	as 'ch' (above) but followed by a hard 'k' sound
d	harder than in English, often sounding closer to English 't'. When 'broad', with tongue pressed against top teeth. When 'slender' like English 'ch'—See note on broad and slender consonants below.
dh	when slender, similar to English 'y'. When broad, similar to 'ch' sound (see above) but using voice instead of just breath.
e	Sometimes like 'e' in 'let'. Sometimes like 'a' in 'rate'.
è	As for 'e' but longer.
f	f
fh	Mostly silent. In a couple of words like English 'h' (fhathast, fhuair)
g	harder than in English, often more like English 'k'
gh	the same as 'dh'
h	h (but not when following another consonant—see

i	like English 'ee'
ì	as for i, but longer
l	when broad, pronounced with tongue pressed against top teeth, sounding like a Russian 'l'. When slender, sometimes like 'l' in 'let', other times like 'll' in million.
m	m
mh	like 'v'. Often silent in the middle of a word.
n	Sometimes like 'n' in 'net'. Sometimes as in 'onion'. Also sometimes pronounced with tongue pressed against top teeth as for broad 'l'—see above.
o	o
ò	like 'o' but longer
p	similar to English 'p' but in the middle or at the end of a word it has a hard breathing in front of it.
ph	ph
r	r, broad more rolled than slender.
s	s
sh	h
t	Broad, pronounced with tongue pressed against top teeth. Slender more like English 'ch'. Also preceded by hard breathing sound in the middle or at the end of a word.
th	h
u	oo as in 'book'
ù	like 'u' but longer

The first line of the page continues an entry above:

> combinations listed, bh, ch etc

Broad and Slender

Consonants are 'broad' when they fall next to one of the vowels **a, o** or **u.** They are slender next to **e** or **i.**

Mi(se)	me
Thu(sa)	you
E(san)	he
I(se)	she

Sinn(e)	you
Sibh(se)	you (plural)
Iad(san)	they

Tha mi a' falbh a-mach
Chan eil mi a' falbh a-mach
Tha iad a' tighinn
Tha iad a' falbh
Tha mi nam ruith
Tha mise nam ruith cuideachd
Chan eil mise nam ruith

Tha mi a' falbh a-mach	I am going out
Chan eil mi a' falbh a-mach	I am not going out
Tha iad a' tighinn	They are coming
Tha iad a' falbh	They are going
Tha mi nam ruith	I am running
Tha mise nam ruith cuideachd	I am running too
Chan eil mise nam ruith	I am not running

Tha mi	I am
Tha thu	you are
Tha e/i	he/she is
Tha sinn	we are
Tha sibh	you are
Tha iad	they are
Tha a' chlann	the children are

Chan eil mi	I am not
Chan eil thu	you are not
Chan eil e/i	he/she is not
Chan eil sinn	we are not
Chan eil sibh	you are not
Chan eil iad	they are not
Chan eil a' chlann	the children are not

A-mach	Out

A bheil sibh a' tighinn?
Tha sinn a' leughadh
Chan eil mi a' bruidhinn
Tha sinn a' seinn
A bheil sibh a' tighinn?
Tha mi a' caoineadh. Chan eil mi a' seinn
Tha Pero ag itheadh
Tha an cat a' gàireachdainn
Tha Iain a' cluich na fìdhle

A bheil sibh a' tighinn?	Are you coming?
Tha sinn a' leughadh	We are reading
Chan eil mi a' bruidhinn	I am not talking
Tha sinn a' seinn	We are singing
Tha mi a' caoineadh	I am crying
Chan eil mi a' seinn	I am not singing
Tha Iain a' cluich na fìdhle	Iain is playing the fiddle
Tha Pero ag ithe	Pero is eating
Tha an cat a' gàireachdainn	The cat is laughing
A' caoineadh	Crying

an/am/a' — the
am before **b,f,m** and **p**
an before other letters
a' before aspirated consonants (i.e. when a consonant has **h** following—**bh, ch, gh** etc)

Tha an nighean salach
Chan eil am balach salach
Tha an cù salach

Tha am fear a' leughadh
Tha am boireannach ag obair

Tha an nighean glan
Chan eil am fear ag obair no a' leughadh nas motha

Tha an nighean salach	The girl is dirty
Tha an cù salach	The dog is dirty
Chan eil am balach salach	The boy is not dirty
Tha am boireannach ag obair	The woman is working
Tha am fear a' leughadh	The man is reading
Chan eil am fear ag obair no a' leughadh nas motha	The man is not working or reading either
Tha an nighean glan	The girl is clean
salach	dirty
boireannach	woman

Tha luch aig a' chat
Tha luch agam
Tha cù agam
Tha cù aice
Tha màileid aca
Dè a th' aca?

Tha luch aig a' chat	The cat has a mouse
Tha luch agam	I have a mouse
Tha cù agam	I have a dog
Tha cù aice	She has a dog
Tha màileid aca	They have a bag
Dè a th' aca?	What have they?

Aig	with
Agam	with me
Agad	with you
Aige	with him
Aice	with her
Againn	with us
Agaibh	with you
Aca	with them
Aig a' chloinn	with the children

a' chat — aspirated form of *an cat*

a' chloinn — special form of *a' chlann* after *aig*

Tha fear a-muigh an sin — There is a man out there

Rug am poileas air an fhear — The police caught the man

Tha boireannach aig an doras — There is a woman at the door

Tha am boireannach a' dol a-staigh — The woman is going in

16

Nighean

Nigheanan

Balach

Balaich

Duine

Daoine

Boireannaich	Women	**Nighean**	Girl
Fir	Men	**Nigheanan**	Girls
Na fir	The men	**Balach**	Boy
Tha am fear...	The man is...	**Balaich**	Boys
Tha fear...	There is a man...	**Duine**	Person
		Daoine	Persons/people

'S e tarbh a th' ann	It is a bull
Chan e sioraf a th' ann	It is not a giraffe
'S e càmhal a th' ann	It is a camel
An e sioraf a th' ann?	Is it a giraffe?
Nach e Volkswagen a th' ann?	Isn't it a Volkswagen?
Càit a bheil e?	Where is it?

Càit a bheil e? — Where is it? if referring to a masculine noun; feminine noun—**Càit a bheil i?**

Beir air!   Catch it!

Beir air—Catch (familiar command form)
Beiribh air—Catch (formal and plural command form)

Tarraing!	Pull!
Buail!	Hit!
Tarraing e!	Pull it!

An rathad seo!	This way!
Mar seo	This way (Like this)
Bùth aodaichean nam ban	Women's clothes shop
Taigh-seinnse	Pub

A-mach à seo!	Out of here!	A-staigh	In
A-muigh	Outside	Dhachaigh	Home
A-steach an seo!	In here!	Dhachaigh	At home

| **Duine** | (a) person | **Leth-aonan** | twins |
| **Dà dhuine** | two people | **Leth-aon** | one twin |

A h-aon (aonan)	1	A sè/sia (sèanar/sianar)	6
A dhà (dithis)	2	A seachd (seachdnar)	7
A trì (triùir)	3	A h-ochd (ochdnar)	8
A ceithir (ceathrar)	4	A naoi (naoinear)	9
A còig (còignear)	5	A deich (deichnear)	10

The forms in brackets are special forms mostly used for referring to people. In the case of 6, *sè* is the form used in southern dialects and *sia* is used in the north.

Fear	Man	**Fear**	Husband
Boireannach	Woman	**Bean**	Wife
Fear agus Bean	Man and Wife		

Initial changes (sometimes called 'aspiration')

b	**bh (v)**
c	**ch (χ)**
d	**dh (γ)**
f	**fh (-)**
g	**gh (γ)**
m	**mh (v)**
p	**ph (f)**
s	**sh (h)**
t	**th (h)**

other initial changes

a	**h-a**	a	**t-a**
e	**h-e**	e	**t-e**
i	**h-i**	i	**t-i**
o	**h-o**	o	**t-o**
u	**h-u**	u	**t-u**
s	**t-s**		

Uisge   Water

Cù   Dog   **A choin**   Dog   **Cù!**   Dog!

When addressing someone/something by name, an *a* is placed in front of the name, the first letter is aspirated—i.e. its sound is changed by the addition of a letter *h* after it, and in some words the ending changes.

Loisg air!	Fire at him/it!
Na loisgibh orm!	Don't fire at me!
Loisgibh	Fire

Eatarra	Between them		
Eadar	Between	**Eadaraibh**	Between you
Eadarainn	Between us	**Eatarra**	Between them

Dà phaidhir, an e?	Two pairs, is it?
Chan e, trì paidhrichean	No three pairs
Chan eil paidhir ann!	No pair!

Teine!	Fire!
IFRINN	HELL
Tiops?	Chips?

A dhà   Two

Dithis eile!   Another two! (Although *dithis* should strictly only be used for referring to people, this rule is often disobeyed).

Seasaibh!	Stand!
Suidhibh!	Sit!
Laighibh!	Lie!

Loisg! — Fire!
Chan e, abraibh 'Loisgibh!' — No, say 'Fire!'
Loisgibh! — Fire!

Mionaid	A minute
60 diog	60 seconds
Mionaid	Minute
Diog	Second

Làn	Full!
Ifrinn	Hell
Bus	Bus

A' chiad duine
An dàrna duine
An treas duine
An duine mu dheireadh

37

A' chiad duine	The first person
An dàrna duine	The second person
An treas duine	The third person
An duine mu dheireadh	The last person

Ciad	First
Dàrna	Second
Treas	Third
Ceathramh	Fourth
Còigeamh	Fifth
Sèathamh/Siathamh	Sixth
Seachdamh	Seventh
Ochdamh	Eighth
Naoidheamh	Ninth
Deicheamh	Tenth

Clach   (A) stone
Creag   (A) rock

Ciamar a theireadh sibh *sticks*?   How would you say *sticks*?

Bataichean	Walkingsticks	**Lasadairean**	Matches
Connadh	Firewood	**Beuldath**	Lipstick

Theirinn	I would say
Theireadh tu	You would say
Theireadh e/i	S/he would say
Theireamaid	We would say
Theireadh sibh	You would say
Theireadh iad	They would say

Ciamar a theireadh sibh *knock*?

Na buail e!
Gnog!

How would you say
knock?
Don't knock it!
Knock!

Deamar a theireadh sibh _air_?

Eadhar
Oighre
Falt
Maol

How would you say _air_?

Air
Heir
Hair
Bald

Ciamar a theireadh sibh *post*? — How would you say *post*?

Post — A pole / post
Obair, a bhalaich! — A job, my boy!
Am Post — The post (mail)
Litir a chur anns a' phost — To post a letter

Ciamar a theireadh sibh *flag*?

Siolastar
Leac
Bratach

How would you say
flag?
Yellow flag
Flagstone
Flag

Ciamar a theireadh sibh *ring*?   How would you say *ring*?

Fònaibh 999   Call (ring) 999
Fiaclair   Dentist
Buail an glag   Ring the bell
Fàinne   Ring

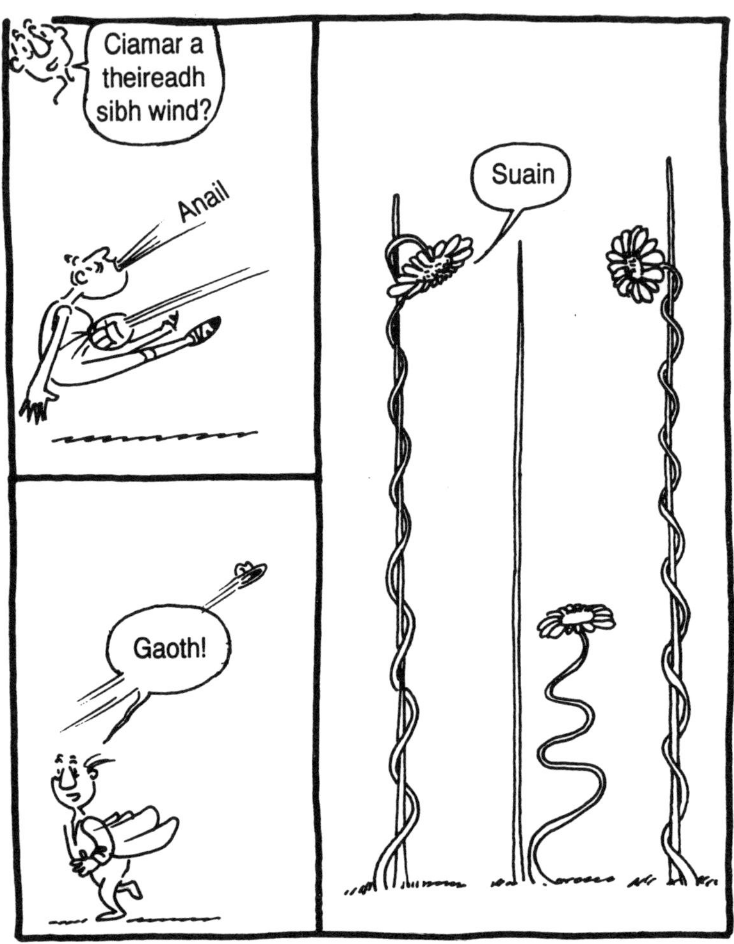

Ciamar a theireadh sibh *wind*?

Anail
Gaoth
Suain!

How would you say *wind*?
Breath
Wind
Turn/Wind!

Ciamar a theireadh sibh *wild*?

How would you say *wild*?

Gaoth fhiadhaich — Wild wind
Beathach fiadhaich — A wild animal
Flùraichean fiadhaich — Wild flowers

Ciamar a theireadh sibh *row*? How would you say *row*?

Tha sinn ann an sreath		We are in a line/row
Iomairibh!	Row!	
Iorghail	Quarrel	
Faram	Noise (row)	
Trod		Dispute (row)
Taigh-seinnse		Bar

Ciamar a theireadh sibh *roll*?		How would you say *roll*?	
Rolla Fhrangach	French roll		
Rolla silidh	Jam roll		
Iain MacLeòid	Iain MacLeod	**An seo!**	Here!
Clàr	Roll (register)	**Torman**	Drum roll

Ciamar a theireadh sibh *right*?   How would you say *right*?

Ceart   Right (correct)
Deas   Right
Ceàrr   Incorrect
Ceart gu leòr?   O.K.?

Ciamar a theireadh sibh *one*?

A h-aon
Air leth-chois
Air leth-shùil
Aon rathad
Ifrinn

How would you say *one*?
One
One-legged
One-eyed
One way
Hell

Ciamar a theireadh sibh *bow*?	How would you say *bow*?
Bogha	Bow
Cràbhat	Bow-tie
Toiseach luinge	Bow (of ship)
Bow-wow!	Bow-wow!

Ciamar a theireadh sibh *fast*?　　　How would you say *fast*?

Luath　　　Fast/Speedy
Traisg　　　To fast
Clis　　　Fast/quick
Tha grèim teann agam　　　I have a tight grip

Tha grèim teann agamsa cuideachd!　　　I also have a tight grip!

Special endings can be added to persons for emphasis:-
Agam　　　with me　　　**Agamsa**　　　with *me*
So also:- **Agadsa Aigesan Aicese Againne Agaibhse Acasan**

Ciamar a theireadh sibh *bill*?   How would you say *bill*?
Gob   Bill
Dùin do ghob!   Shut your beak!
Sanasair   Bill
Cunntas!   Bill!

Ciamar a theireadh sibh *point*?	How would you say *point*?
Gob!	Point!
Rubha	Point
Pong!	Point!

Ciamar a theireadh sibh *bar*?

Crann
Crann-tarsainn
Bàr

How would you say *bar*?
Bar
(Cross) bar
Bar/pub

Ciamar a theireadh sibh sign?
Tha e a' fàs coltach ri fras!
Coltas na deoch
Sgrìobhaibh ur n-ainm!
Ainm
Dè tha an comharradh ag ràdh?
AN AIRE! TOLL!
AN AIRE! TOLL EILE!

Ciamar a theireadh sibh *sign*?	How would you say *sign*?
Tha e a' fàs coltach ri fras!	Sign of rain/Looks like rain!
Coltas na deoch	Mark of drink
Sgrìobhaibh ur n-ainm!	Sign (your name here)!
Dè tha an comharradh ag ràdh?	What does the sign say?
An aire! Toll!	Beware! Hole!
An aire! Toll eile!	Beware! Another hole!

mo	my
do	your
a/a	his/her
ar	our
ur	your
an/am	their

Some of these cause aspiration and others do not. Consult grammar books!

Ciamar a theireadh sibh *fresh*?	How would you say *fresh*?
Eadhar glan	Fresh (air)
Oiteag sgairteil	Fresh breeze
Tha mi an dèidh mi fhèin a bhearradh	I am freshly shaven
Chan eil an t-iasg ùr!	The fish is not fresh!

Ciamar a theireadh sibh *light*?	How would you say *light*?
An las thu dhomh e?	A light, please?
SOLAS!	LIGHT!
Tha am poca aotrom	The sack is light
Sìos!	Down (Alight)!

Ciamar a theireadh sibh neat?
Gun uisge, mas e do thoil e!
Uisge-beatha
Sgrìobhadh grinn
Sgrìobhadh grinn
Luideach
Grinn
Grinn

Ciamar a theireadh sibh *neat*?	How would you say *neat*?
Gun uisge, mas e do thoil e!	Without water, please!
Uisge-beatha	Whisky
Sgrìobhadh grinn	Nice writing
Luideach	Untidy
Grinn	Tidy
Grinn	Neat/Pretty

Tha mi nam chadal	I am asleep
Tha i na cadal	She is asleep/sleeping
Tha e na chadal	He is asleep/sleeping

Cuir salann air	Put salt on it
Cuir ceann air	Put a head on it
Cuir ceann air	Put a head on him

Amhairc air sin!   Look at that!
Amhairc air seo   Look at this
Sin   That
Seo   This

Tha mise beag!	I am small!
Tha mise mòr!	I am big!
Tha sinne beag!	We are small!
Tha iadsan mòr!	They are big!
Tha sinne mòr!	We are big!

Mise	emphatic form of *mi* (I)
Sinne	emphatic form of *sinn* (we)
Iadsan	emphatic form of *iad* (they)

Tha e ro fhada!   It is too long!

Cuir ort e!	Put it on (you)!
Cuir ort iad!	Put them on (you)!
Cuir ort i!	Put them on (you)!
Cuir ort e/i!	Wear it!
Cuir ort iad!	Wear them!

The word for 'trousers', *briogais* is singular and feminine, so they are referred to as *i*.

Tha mi bun-os-cionn!	I am upside-down!
Chan eil mi bun-os-cionn!	I am not upside-down!
Tha an dùthaich bun-os-cionn!	The country is upside-down!

'S e a' chiad rud
Agus an uair sin

First of all
And then

Tog do làmh!   Take (remove) your hand!

Tog do spòg!   Remove your paw!
Tog thusa do làmh, a bhugair!   Remove your hand, bugger!

Na dèan an seo e!
Amar-snàmh

Don't do it here!
Swimming pool

Tha e air a dhèanamh à fiodh!	It is made of wood!
Tha e air a dhèanamh à iarann!	It is made of iron!
Tha e/i air a d(h)èanamh à...	It is made of...

cas = leg (feminine)
ceann = head (masculine)   **ball** = ball (masculine)

Tha mi a' caitheamh ad	I am wearing a hat		
Chan eil mi a' caitheamh brògan	I am not wearing shoes		
Cò a thilg a' chlach sin?	Who threw that stone?		

Tilg	Throw	**Thilg mi**	I threw
Thilg	Threw	**Thilg thu**	You threw etc.

74

Tha i tollte	It is punctured
Tha e tollte	It is burst
Tha i tollte	There is a hole in it
Tha e tollte	There is a hole in it
Tha e/i tollte	There is a hole in it

Leig às e!	Release it!
Cò a leig às iad?	Who released them?
Na leig às an t-uisge!	Don't let the water out!

Fàilte! (Welcome!)   You are welcome!

Chan eil mòran ann   There is not much there (in it)

Tha e bog   It's soft

Leum mi ro thràth	I jumped too early
Tha thu ro thràth	You are too early
Chan eil mi ro thràth	I am not too early

Dìreach mionaid eile!

Just another minute!

Bha mi sgìth	I was tired
Bha mo mhàthair crosda	My mother was cross
Bha fear an dealain an seo	The electrician was here
Bha am pathadh orm	I was thirsty

Dùin à chiste!	Close the coffin!
Dùin do bheul!	Shut your mouth!
Dùin e!	Shut it!
Bruidhinn	Talk

Cuir salann air	Put salt on it
Cuir mullach air	Put a roof on it
Cuir gob air	Put a point on it

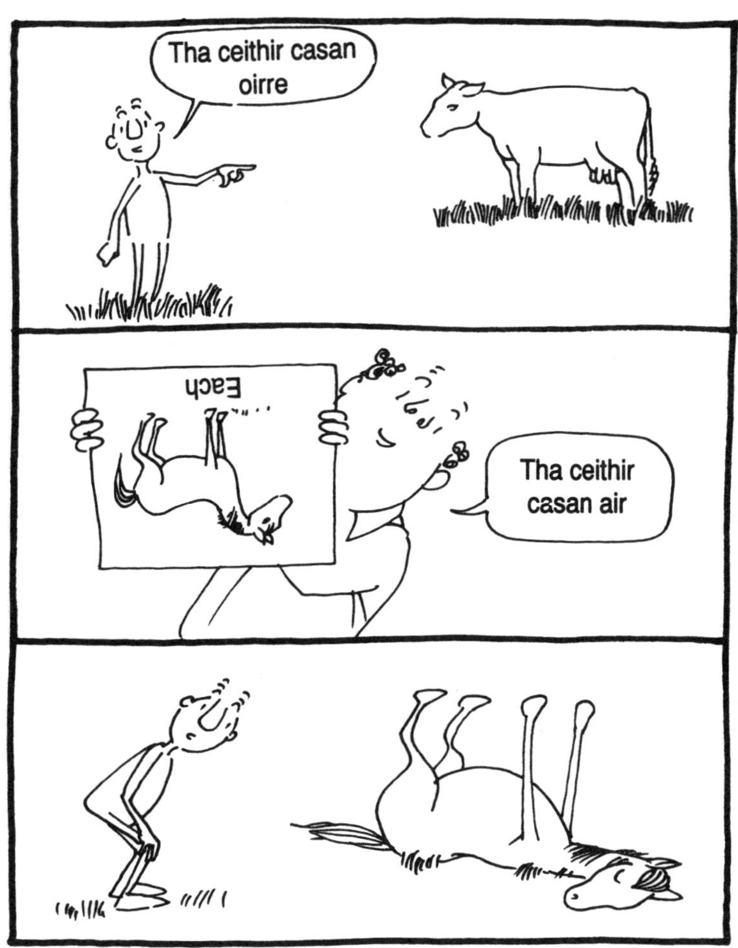

Tha ceithir casan oirre   She has four feet
Tha ceithir casan air   It has four feet
Each   Horse

Tha e anmoch	It is late
Tha mi fadalach	I am late
Tha i fadalach	She is late
Port-Adhair	Airport
Anmoch	Late (in the day)
Fadalach	Late (for appointment)

Dè an aois a tha e? — What age is he?
Càit an deachaidh e? — Where did he go?
Càit am bi iad gan dèanamh? — Where do they make them?

A bheil e mòr? — Is he big?
A bheil thu beag? — Are you small?
Tha e goirid! — It is short!
Tha an rathad seo goirid — This road is short
agus tha an rathad seo fada — and this road is long

A bheil mi?	Am I?
A bheil thu?	Are you?
A bheil e/i?	Is he/she?
A bheil sinn?	Are we?
A bheil sibh?	Are you?
A bheil iad?	Are they?
A bheil a' chlann?	Are the children?
Càit a bheil e a' dol?	Where is he going?
Càit a bheil sibh a' dol?	Where are you going?
Gruagaire	Hairdresser

An cuala tu am fear seo?	Did you hear this one?
Cha chuala mi rud sam bith	I didn't hear anything
An cuala tu cat?	Did you hear a cat?
An cuala mi?	Did I hear?
An cuala tu?	Did you hear? etc.
Cha chuala mi	I did not hear
Cha chuala tu	You did not hear etc.

Càit an
robh iad?

Càit a
bheil e?

Càit a bheil
mo bhriogais?

Càit an robh iad?	Where were they?
Càit a bheil e?	Where is he?
Càit a bheil mo bhriogais?	Where are my trousers?

An robh mi?	Was I?
An robh thu?	Were you?
An robh e/i?	Was he/she?
An robh sinn?	Were we?
An robh sibh?	Were you?
An robh iad?	Were they?
An robh a' chlann?	Were the children?

Cò dhiúbh?	Which one?
Cò?	Who?
Càit?	Where?
Cuin?	When?
Dè?	What?
Carson?	Why?
Ciamar?	How?

Cò dhiubh?
Cò dhiubh a tha a dhìth ort?

Which (of them)?
Which one do you
dwant?

Ciamar a dh'òlas mi?	How shall I drink?
Ciamar a dh'itheas mi?	How shall I eat?
Ciamar a their thu	How do you say *how*
***how* sa Ghàidhlig?**	in Gaelic?

Ciamar a chluicheas tu seo?	How do you play this?
Ciamar a chluicheas tu rugbaidh?	How do you play rugby?

Cò tha sin? Who is there?
Gnog! Gnog! Knock, knock!

Cò tha shìos an sin? Who is down there?
Cò tha shuas an sin? Who is up there?

Tilg am ball a-nuas!
A' bheil thu a' tighinn a-nuas?

Pong eile!

Throw down the ball!
Are you coming down?
Another point!

98

Cò leis
iad seo?
Cò leis
i seo?
Cò leis
i seo?

Cò leis iad seo?   Who owns these?
Cò leis i seo?   Who owns this?

Leam	With me/belonging to me
Leat	With you/belonging to you
Leatha	With her/belonging to her
Leis	With him/belonging to him
Leinn	With us/belonging to us
Leibh	With you/belonging to you
Leotha	With them/belonging to them
Le	With/by/belonging to

Càit a bheil an searbhadair?
Càit a bheil an taigh beag?
Càit a bheil an duine agam?

Taigh-beag

Where is the towel?
Where is the toilet?
Where is my
husband?
Toilet

Dè an uair a tha e?   What time is it?

Cò a rinn seo?	Who did this?
Cò a rinn an tì?	Who made the tea?
Rinn mi	I did/made
Rinn thu	You did/made
	etc

A bheil lasadair agad?　　Have you a match?
A bheil sgillinn agad?　　Have you a penny?
A bheil òrd agad?　　Have you a hammer?

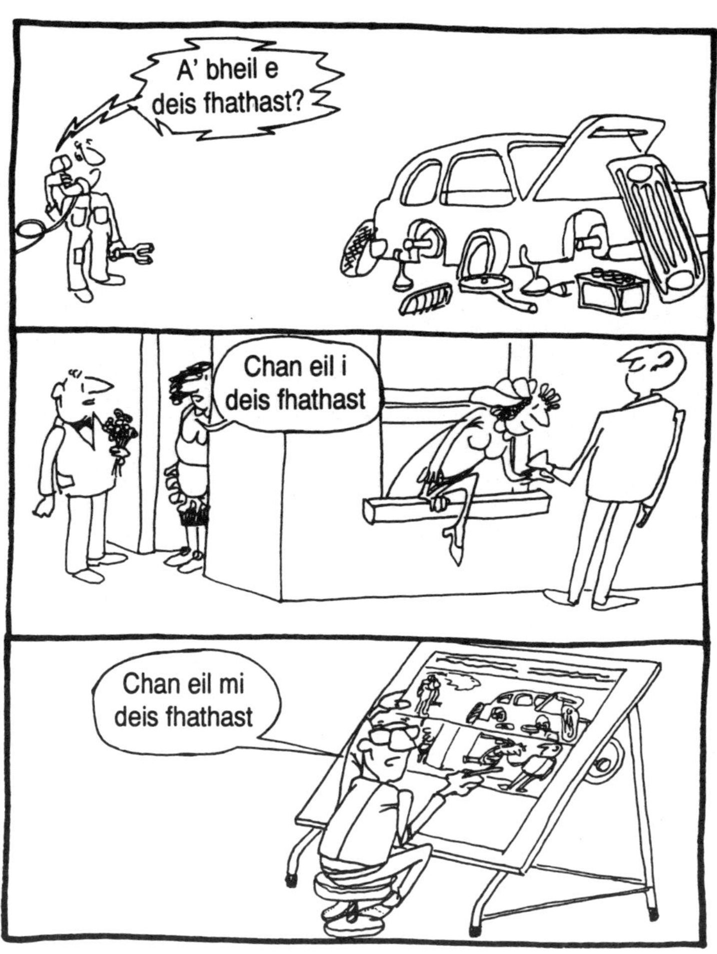

A' bheil e deis fhathast?	Is it ready yet?
Chan eil i deis fhathast	She is not ready yet
Chan eil mi deis fhathast	I am not ready yet

Am faic thu mi? — Do you see me?
Chan fhaic mi dad — I don't see anything
Chì mi RUD — I see SOMETHING

Dè an t-ainm a th' orm?
Dè an t-ainm a th' ort?
Dè an t-ainm a th' air?
Dè an t-ainm a bh' air?

107

Dè an t-ainm a th' orm?	What is my name?
Dè an t-ainm a th' ort?	What is your name?
Dè an t-ainm a th' air?	What is his name?
Dè an t-ainm a bh' air?	What was his name?

Orm	on me
Ort	on you
Oirre	on her
Air	on him
Oirnn	on us
Oirbh	on you
Orra	on them
Air	on

An do chuir thu a-mach an cat?   Did you put the cat out?

Na cuir sgillinn air   Don't put a penny on it

Chuir mi mustard air   I put mustard on it

Am faca tu an tèile?	Did you see the one?
Am faca sibh Jill?	Did you see Jill?
Saoil am faca am polasman mi?	Did the policeman see me?

Bithidh e fliuch	It will be wet
Cha bhi e fliuch	It will not be wet
Fliuchaidh mi an tì	I will wet the tea

Bithidh mi	I will be	**Fliuch**	Wet
Bithidh tu	You will be	**Fliuchaidh mi**	I will wet
Bithidh e/i	He/She will be	**Fliuchaidh tu**	You will wet
Bithidh sinn	We will be	**Fliuchaidh e/i**	He/She will wet
Bithidh sibh	You will be	**Fliuchaidh sinn**	We will wet
Bithidh iad	They will be	**Fliuchaidh sibh**	You will wet
		Fliuchaidh iad	They will wet

Coisichidh mi	I will walk
Ruithidh mi	I will run
Cha choisich mi	I will not walk
Ameireaga	America
Coisich	Walk
Coisichidh mi	I will walk
Cha choisich mi	I will not walk
An coisich mi?	Shall I walk?

Nam biodh òrd agam...
Nam biodh gucag-uighe agam...
Nam biodh tiops agam...
Nam biodh cìr agam...

Nam biodh òrd agam...	If I had a hammer...
Nam biodh gucag-uighe agam...	If I had an egg cup...
Nam biodh tiops agam...	If I had chips...
Nam biodh cìr agam...	If I had a comb...

Bhithinn	I would be
Bhitheadh tu	You would be
Bhitheadh e,i	S/he would be
Bhitheamaid	We would be
Bhitheadh sibh	You would be
Bhitheadh iad	They would be

Nan lìonadh e...
Nan seasadh tu
far an robh thu...
Nan ceannaicheadh
tu pàipear-naidheachd...

Nan lìonadh e
Nan seasadh tu far an robh thu

Nan ceannaicheadh tu
pàipear-naidheachd

If the tide came in
If you stood where
you were

If you bought a
newspaper

Ma dhùisgeas e...	If he awakens...
Ma dh'òlas mi seo...	If I drink this...
Ma dh'fhosglas tu an doras...	If you open the door...

Nam fàsadh e...
Nam fàsadh i...
Nam fàsadh i...
Nam fàsadh tu...

Nam fàsadh e...   If it grew...(masculine nouns)
Nam fàsadh i...   If it grew...(feminine nouns)
Nam fàsadh tu...   If you grew...

Nam fàsadh e   If he/it grew
Nam fàsadh i   If she/it grew
Nam fàsadh tu   If you grew

Ma bhriseas seo...
Ma dh'fhàsas e fliuch...
Ma thuiteas an speur...

If this breaks...
If it rains...
If the sky falls...

Air eagal gun tig fras	In case a shower comes
Air eagal!	In case!
Air eagal nach dùisg mi ann an àm	In case I don't wake up in time

Nam biodh each agam...	If I had a horse...
Nam biodh dìollaid agam...	If I had a saddle...
Nam biodh an ad nas motha...	If the hat was larger...
Nam biodh do cheann nas lugha...	If your head was smaller...

Ma sheinneas tu...	If you sing...
Ma phògas e i...	If he kisses her...
Ma phutas tu mi...	If you give me a push...

Tha mi ag ithe
Tha mi an dèidh ithe
Tha mi a' briseadh clachan
Tha mi an dèidh am briseadh
Tha mi a' fighe stoc
Tha mi an dèidh a chrìochnachadh
Tha mi ga h-òl
Tha mi an dèidh a h-òl

Tha mi ag ithe	I am eating
Tha mi an dèidh ithe	I have eaten it
Tha mi a' briseadh clachan	I am breaking stones
Tha mi an dèidh am briseadh	I have broken them
Tha mi a' fighe stoc	I am knitting a scarf
Tha mi an dèidh a chrìochnachadh	I have finished it
Tha mi ga h-òl	I am drinking it
Tha mi an dèidh a h-òl	I have drunk it

Mo chù!	My dog!
M' athair	My father
Mo chàr!	My car!
Mo dhìnnear!	My dinner!
Mo speuclairean!	My spectacles!

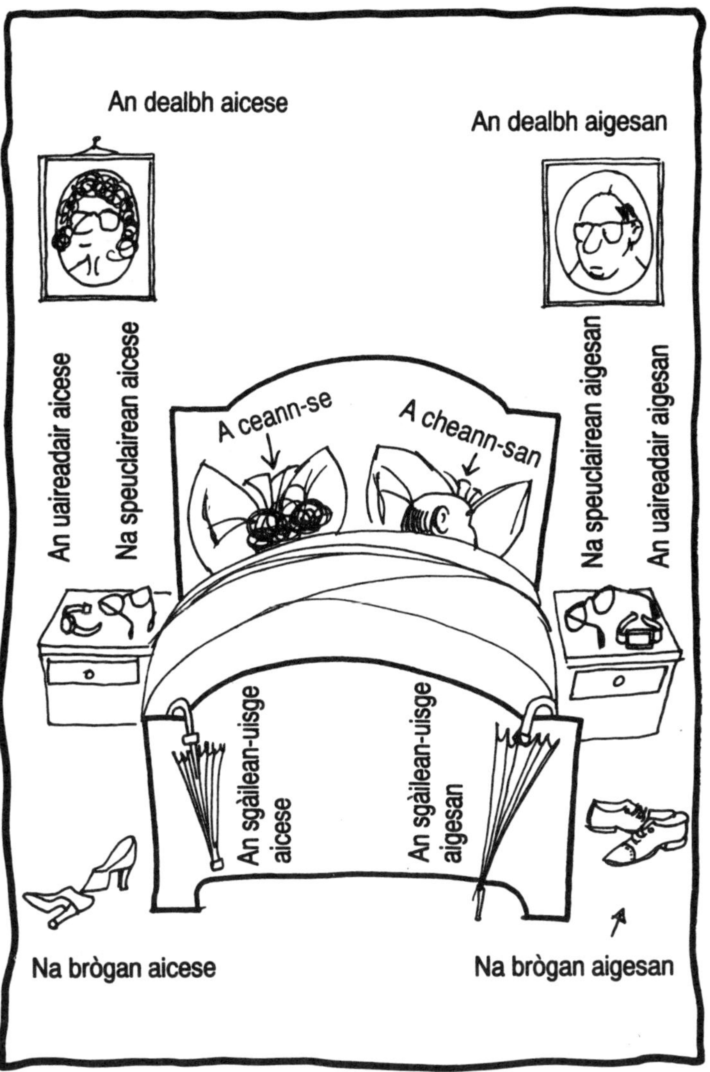
An dealbh aicese
An dealbh aigesan
An uaireadair aicese
Na speuclairean aicese
A ceann-se
A cheann-san
Na speuclairean aigesan
An uaireadair aigesan
An sgàilean-uisge aicese
An sgàilean-uisge aigesan
Na brògan aicese
Na brògan aigesan

An dealbh aicese	Her picture
An dealbh aigesan	His picture
A ceann-se	Her head
A cheann-san	His head
An uaireadair aicese	Her watch
An uaireadair aigesan	His watch
Na speuclairean aicese	Her spectacles
Na speuclairean aigesan	His spectacles
An sgàilean-uisge aicese	Her umbrella
An sgàilean-uisge aigesan	His umbrella
Na brògan aicese	Her shoes
Na brògan aigesan	His shoes

Do bhriogais	Your trousers
Do bhean	Your wife (woman)
D' earball	Your tail
Do bhall	Your ball

Chan eil cuimhn' agam	I don't remember
Nach eil cuimhn' agad air Màiri?	Don't you remember Màiri?
Chan eil cuimhn' againn	We don't remember
Stad mionaid! Tha cuimhn' aige!	Wait a minute! He remembers!
Fòn	Telephone

An urrainn dhut?	Can you / Are you able?
'S urrainn, cha chreid mi	I can, I think
Cha chreid mise gun urrainn	I don't think so
Chan urrainn dhomh	I cannot / I am not able
An urrainn dhut snàmh?	Can you swim?

NOTE: *'S urrainn, cha chreid mi* means *Yes, I think so* even though *cha chreid mi* literally means *I do <u>not</u> believe/think*!!! The reason for this is that it is understood to be short for a double negative, e.g. *Cha chreid mi nach urrainn dhomh* = literally, *I don't believe I cannot = I think I can.*

Cò tha còmhla riut?
'S e 11474 a tha còmhla rium
'S e 11474 an t-ainm a th' orm
Cò tha còmhla ribh?
'S e 11475 a tha còmhla rinn
Is mise 11475. Tha mi còmhla rithese agus ris-san.
Am b' e 11457 a bha còmhla riutha?
Cha b' e, 's e 11475 a bh' ann. 'S e Iain an t-ainm a th' air
Tha Iain còmhla rinn

Cò tha còmhla riut?
'S e 11474 a tha còmhla rium

'S e 11474 an t-ainm a th'orm
Cò tha còmhla ribh?
'S e 11475 a tha còmhla rinn

Is mise 11475. Tha mi
còmhla rithese agus ris-san
Am b' e 11457 a bha còmhla
riutha?
Cha b' e, 's e 11475 a bh' ann.
'S e Iain an t-ainm a th' air
Tha Iain còmhla rinn

Who's with you?
It's 11474 who's with
me
11474 is my name
Who's with you?
It's 11475 who's with
us
I am 11475. I am with
her and with him
Was it 11457 who was
with them?
No, it was 11475. His
name is Iain
Iain is with us

Taobh a-staigh
Gu dè tha taobh a-staigh dhìot?
Tha cat taobh a-staigh dhìom
Tha mi taobh a-staigh dheth
Tha isean taobh a-staigh dheth
Tha isean taobh a-staigh dhinn
Gu dè tha taobh a-staigh dhibh?
Gu dè tha taobh a-staigh dhith?

Taobh a-stigh	Inside
Taobh a-staigh dhìom	Inside me
Taobh a-staigh dhìot	Inside you
Taobh a-staigh dheth	Inside him/it
Taobh a-staigh dhith	Inside her/it
Taobh a-staigh dhinn	Inside us
Taobh a-staigh dhibh	Inside you
Taobh a-staigh dhiubh	Inside them
Gu dè tha taobh a-staigh dhìot?	What is inside you?
Tha cat taobh a-staigh dhìom	There's a cat inside me
Tha mi taobh a-staigh dheth	I am inside it
Tha isean taobh a-staigh dheth	There's a chicken inside it
Tha isean taobh a-staigh dhinn	There is a chicken inside us
Gu dè tha taobh a-staigh dhibh?	What is inside you?
Gu dè tha taobh a-staigh dhith?	What is inside it?

Dhut
Dhà
Dhi
Dhuinne
Dhaibh
Dhomh
do
Thoir dhomh sgillinn
99P
Dhìse
Dhàsan
Dhutsa
Gu dè a fhuair thu dhuinne?
Gu dè a fhuair thu dhaibh?
Gu dè a thug e dhuibh?

Do	To/for
Dhomh	To me
Dhut	To you
Dhà	To him
Dhì	To her
Dhuinn	To us
Dhuibh	To you (plural)
Dhaibh	To them

Thoir dhomh sgillinn	Give me a penny
Dhìse	To her
Dhàsan	To him
Dhutsa	To you
Gu dè a fhuair thu dhuinne?	What did you get for us?
Gu dè a thug e dhuibh?	What did he give to you (plural)?
Gu dè a fhuair thu dhaibh?	What did you get for them?

NOTE the adding of enings for emphasis, eg:
dhomh — to me
dhòmhsa — to <u>me</u>

likewise **dhutsa, dhàsan, dhìse, dhuinne, dhuibhse, dhaibhsan**

Tha a h-uile
duine romhpa
A bheil duine sam
bith romham?
Tha ceathrar
romhad
Tha dithis
romhpa
Tha triùir
roimhpe
A bheil duine
sam bith
romhainn?
Tha aon
duine
romhad

Tha a h-uile duine romhpa	Everybody is before them
A bheil duine sam bith romham?	Is anyone before me?
Tha ceathrar romhad	There are four before you
Tha triùir roimhpe	There are three before her
Tha dithis romhpa	There are two before them
A bheil duine sam bith romhainn?	Is there anyone before us?
Tha aon duine romhad	One person is before you

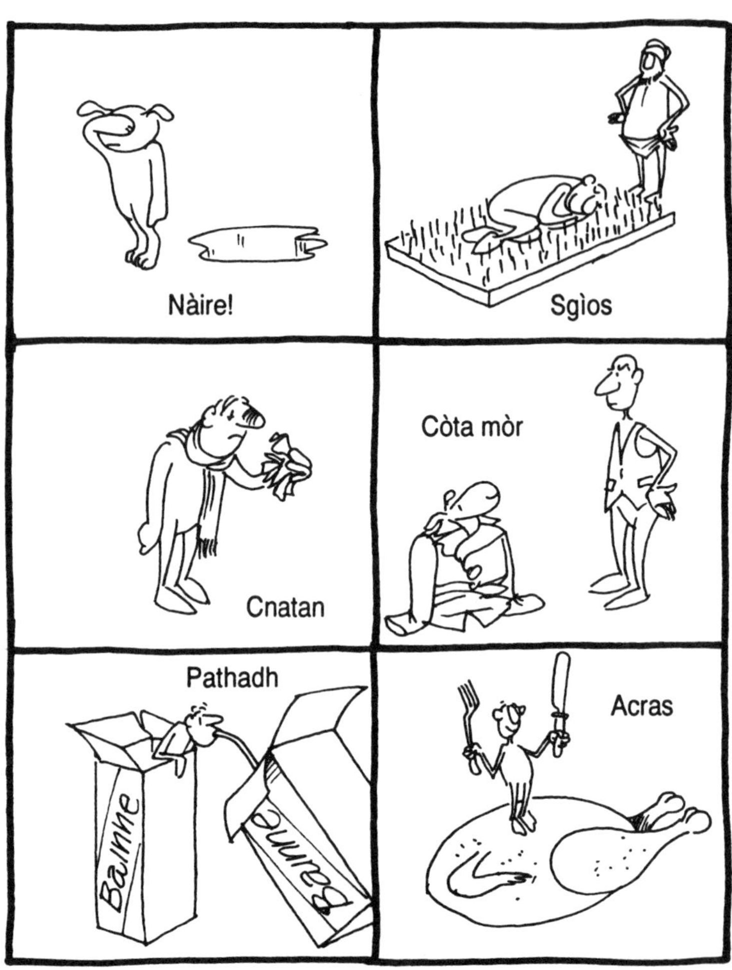

Nàire!	Shame!	**Pathadh**	Thirst
Sgìos	Tiredness	**Acras**	Hunger
Cnatan	A cold	**Bainne**	Milk
Còta mòr	A big coat (overcoat)		

Bha mi a' glanadh an t-simileir
Bha thu ag òl
Bha sinn anns an uisge
Bha e anns a' bhanca
Bha i am bùth a' ghruagaire
Bha sibh a' sabaid
Bha iad ann an Hawaii

Bha mi a' glanadh an t-simileir	I was cleaning the chimney
Bha thu ag òl	You were drinking
Bha sinn anns an uisge	We were in the water
Bha e anns a' bhanca	He was in the bank
Bha i am bùth a' ghruagaire	She was at the hairdresser
Bha sibh a' sabaid	You (plural) were fighting
Bha iad ann an Hawaii	They were in Hawaii

Tha mi aonaranach	I am lonely
Tha mi sgìth	I am tired
Tha an cnatan oirre	She has a cold
A bheil an t-acras oirbh?	Are you hungry?
Tha sinn a' caitheamh còta mòr	We are wearing an overcoat
Nach eil nàire ort?	Aren't you ashamed?
Tha an t-acras orra	They are hungry

An robh mi nam chadal?	Was I asleep?
An robh thu a-muigh?	Were you out?
An robh sibh san ubhalghort agam?	Were you (plural) in my orchard?
An robh e dona?	Was he bad?
An robh adhaircean air?	Did it have horns?
An robh sibh aig pàrtaidh?	Were you (plural) at a party?

Cha robh thu ag èisdeachd	You were not listening
Cha robh mi a' toirt an aire	I was not paying attention
Cha robh an cat ann	The cat was not there
Cha robh e ann an àm	He was not in time
Cha robh àite ann dhomh	There was no room for me
Cha robh uisge ann	There was no water in it
Cha robh mi	I was not
Cha robh thu	You were not
	etc

Bithidh mi an seo a ghnàth
Bithidh e fadalach a ghnàth
Bithidh sinn còmhla a ghnàth
Bithidh i san speur feadh na h-oidhche
Bithidh iad ag òl
Am bi thu a' leughadh an leasain Ghàidhlig?

Bithidh mi an seo a ghnàth
Bithidh e fadalach a ghnàth
Bithidh sinn còmhla a ghnàth
Bithidh i san speur feadh
na h-oidhche
Bithidh iad ag òl
Am bi thu a' leughadh
an leasain Ghàidhlig?

I'm always here
It's always late
We're always together
She's in the sky
at night
They drink
Do you read the
Gaelic lesson?

Note: **Bithidh** is a habitual present tense as well as a future.

Tha gaoth ann	It's windy
Tha e teth	It's hot
Tha an t-sìde grànda	The weather is bad
Tha e brèagha	It's fine
Tha e fliuch	It's wet
Tha e glè fhliuch	It's very wet

An e baidhsaglair a bh' ann?	Was it a cyclist?
An e coisiche a bh' ann?	Was it a pedestrian?
Nach e uisge a bh' ann?	It wasn't water?
An e mèirleach a bh' ann?	Was he a thief?
An e stoirm a bh' ann?	Was it a storm?

clach
paìrc
cìr
cas
bròg
cearc
gruag
cluas
A' chìr
A' chearc
A' bhròg
cas
A'
A'
A'

Clach	Stone
Cas	Leg
Bròg	Shoe
Cearc	Hen
Gruag	Hair
Cluas	Ear
Cìr	Comb
Pàirc	Field

A' chìr	The comb
A' chearc	The hen
A' bhròg	The shoe
Cas	Leg

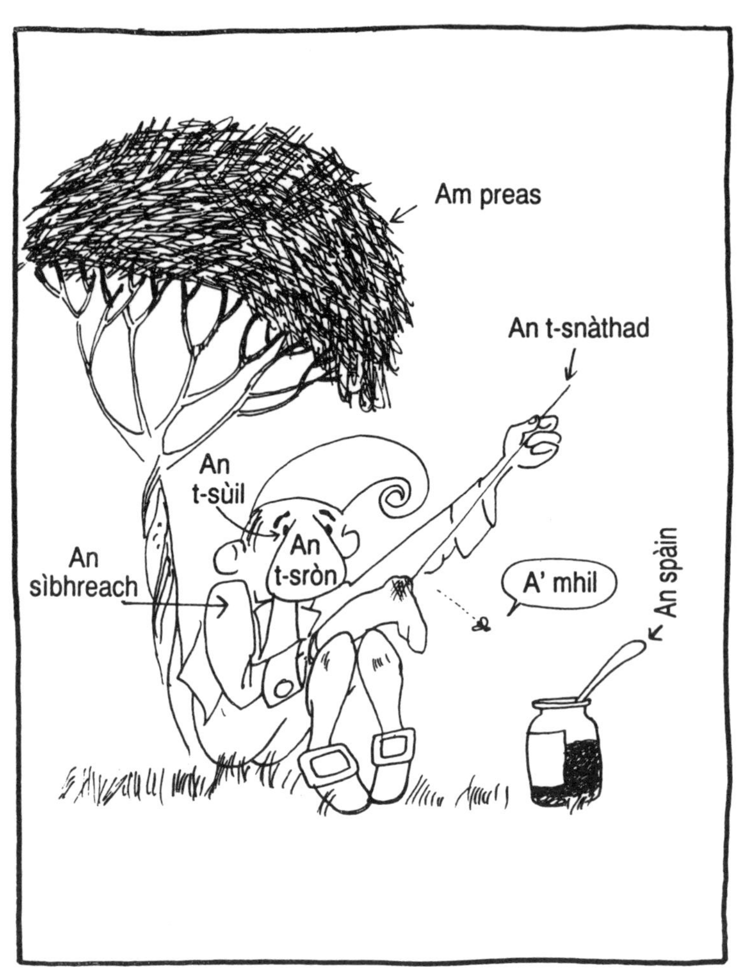

Am preas	The bush	**A' mhil**	The honey
An t-snàthad	The needle	**An spàin**	The spoon
An t-sùil	The eye	**An sìbhreach**	The fairy
An t-sròn	The nose		

An ugh	The egg	**An t-aran**	The bread
An aimsir	The weather	**An t-ìm**	The butter
An adharc	The horn	**An t-easbaig**	The bishop
An olann	The wool	**An t-iasgair**	The fisherman
		An t-inneal	The engine

Note: *Ugh* can be masculine or feminine according to dialect, so you could also have *An t-ugh*.

Tha e a' tighinn	He is coming
Tha iad a' tighinn	They are coming
Tha iad a' tighinn air ais	They are coming back
Dh'fhalbh iad	They are gone

Tha e a' dol sìos	He is going down
Clonc!	Clunk!
Ràinig e am bonn!	He (it) has reached the bottom!
Tha e a' tighinn a-nìos!	He is coming up!

Dh'fhalbh iad	They left
Dh'fhalbh i	She left
Dh'fhalbh i	It (fem.) left

Leum i
Leum e
Leum iad
Cha do leum mise, 's ann a thuit mi!

She jumped
He jumped
They jumped
I didn't jump
- I fell!

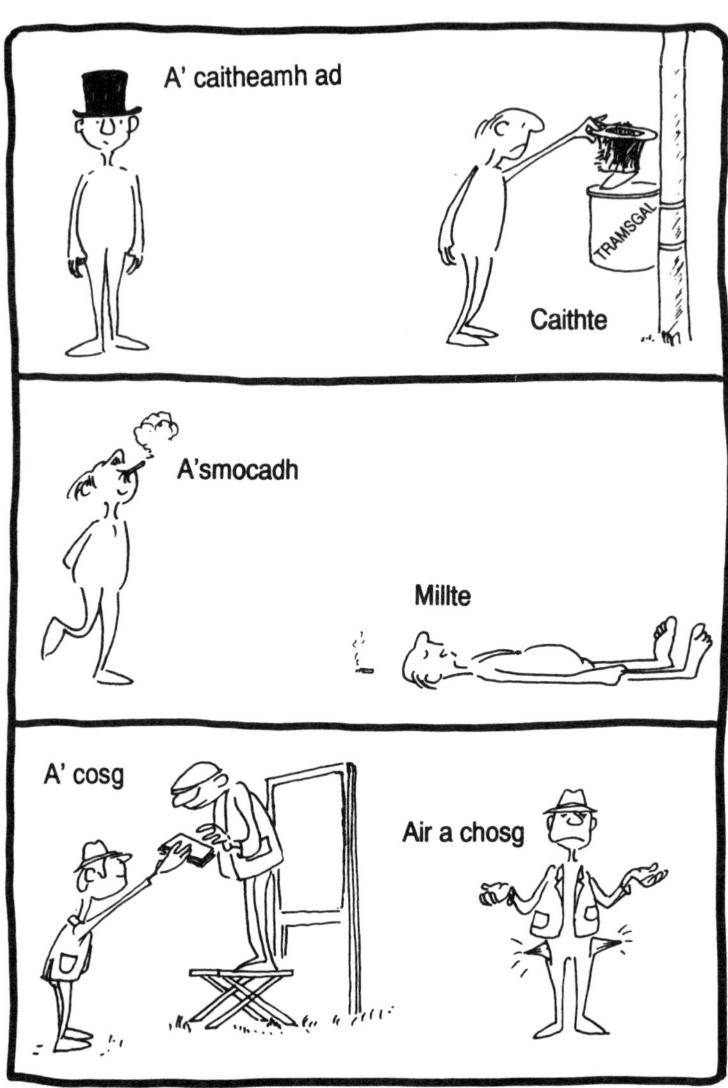

A' caitheamh ad
Caithte
TRAMSGAL
A'smocadh
Millte
A' cosg
Air a chosg

A' caitheamh ad	Wearing a hat
Caithte	Worn out
A'smocadh	Smoking
Millte	Wasted / perished
A' cosg	Spending
Air a chosg	Spent

TRAMSGAL	LITTER

Gu h-obann	Suddenly
Gu mall	Slowly
Gu gaisgeil	Bravely/Heroically

Fosgail!	Open!
Sluig!	Swallow!
Na fosgail!	Don't open!
Na sluig!	Don't swallow!
Gabhaibh air falbh!	Depart (plural)!
Na gabh air falbh!	Don't depart!

Eisd!	Listen!
Eisdibh!	Listen (plural)!
Na èisd!	Don't listen!

Ochd uairean	Eight o'clock
Leth-uair an dèidh a h-ochd	Half past eight
Còig mionaidean gu naoi	Five to nine
Còig mionaidean gu trì	Five to three
Trì uairean	Three o'clock
Deich uairean	Ten o'clock
Leth-uair an dèidh	Half past
cairteal gu	Quarter to
Cairteal an dèidh	Quarter past
Deich mionaidean	Ten minutes
Fichead mionaid	Twenty minutes
Còig mionaidean air fhichead	Twenty five minutes

Nach bi thu a' caitheamh briogais aig do bhracaist?
Bithidh mi a' caitheamh aq
Am bi thu a' gabhail siùcair?
Cha bhi
Nach bi thu ag òl tì?
Cha bhi
Bithidh mi a' nighe mo ghruaig leis
Bithidh mise a' nighe mo ghruaig le siùcar

<table>
<tr><td>

Nach bi thu a' caithheamh
briogais aig do bhracaist?
Bithidh mi a' caitheamh ad
Am bi thu a' gabhail siùcair?
Cha bhi
Nach bi thu ag òl tì?
Cha bhi
Bithidh mi a' nighe
mo ghruaig leis
Bithidh mise a' nighe
mo ghruaig le siùcar

</td><td>

Don't you wear
trousers at breakfast?
I wear a hat
Do you take sugar?
No
Don't you drink tea?
No
I wash my hair with it

I wash my hair with
sugar

</td></tr>
</table>

Clì	Left
Deas	Right
Ris an làimh chlì, tionndaidhibh!	To the left, turn!
Ris an làimh dheis, tionndaidhibh!	To the right, turn!
Do chas dheas	Your right foot
DO CHAS CHLI	YOUR LEFT FOOT

Thuit i	It fell
Thuit mi	I fell
Thuit iad	They fell
Thuit sinn	We fell

Tha iad a' dol suas — They are going up
Tha e a' tighinn a-nuas — He is coming down
Tha i shuas — She is up
Tha i a' tighinn a-nuas — She is coming down

Bun-sgoil	Primary school
Ard-sgoil	Secondary school
Oilthigh	University

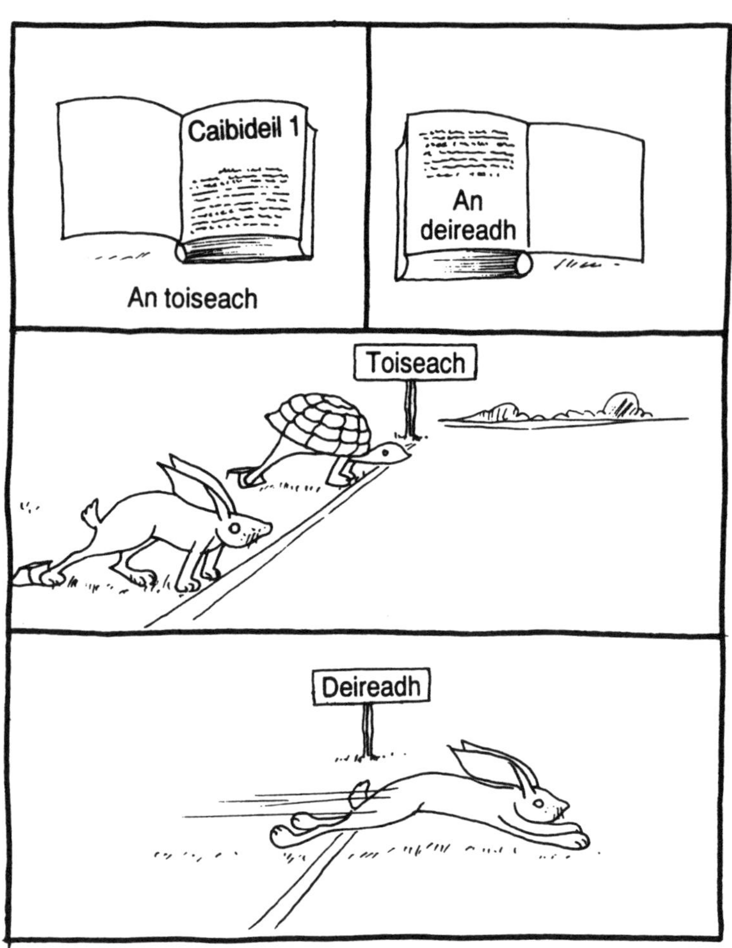

Caibideil 1	Chapter 1
An toiseach	The Beginning
An deireadh	The end
Toiseach	Beginning/Start
Deireadh	End

£5.99

Teach Your Dog

GAELIC

Anne Cakebread

y olfa

£5.99

Ask for a print quote!
www.ylolfa.com